AF498168

LE

FROTTEUR DE LOUIS XV

LE
FROTTEUR

DE

LOUIS XV

NOUVELLE HISTORIQUE

PAR M. E.-M. DE LYDEN

LE MANS

EDMOND MONNOYER, IMPRIMEUR-LIBRAIRE

PLACE DES JACOBINS

1867

LE

FROTTEUR DE LOUIS XV[1]

NOUVELLE HISTORIQUE

I.

Le 2 février de l'an de grâce 1758, la bonne ville de Paris, en général, et le quartier Saint-Germain-des-Prés, en particulier, étaient tout en émoi. Bourgeois et gentilshommes, marchands et gens de robes, manants et hommes d'épée, courtisans et valets, tous semblaient affairés comme dans l'attente d'un grand événement touchant aux plus chers intérêts de la cité.

De quoi s'agissait-il donc?

Tout simplement de l'ouverture solennelle de la foire Saint-Germain qui devait avoir lieu le lendemain, suivant l'usage établi depuis l'an 1486, époque à laquelle les religieux de Saint-Germain-des-Prés, autorisés par lettres patentes du 10 mars 1482, avaient fait construire les belles boutiques de charpente qui brûlèrent en 1763.

Le bruit courait, parmi le peuple, que S. M. le Roi Louis XV et S. M. la Reine se rendraient sur le champ de foire pour en admirer les merveilles.

On disait encore qu'à côté de la reine de nom, la pieuse et féconde Marie Leczinska, devait paraître la reine de fait,

---

[1] Reproduction autorisée pour les journaux qui ont un traité avec la Société des gens de lettres.

1

Jeanne-Antoinette Poisson, femme Lenormand d'Etiolles, marquise de Pompadour.

L'ambitieuse fille du boucher des Invalides, malgré ses trente-sept ans, était alors dans tout l'éclat de sa beauté et à l'apogée de la puissance.

Son exil de 1757 avait été pour elle comme une fontaine de Jouvence où elle avait retrouvé une seconde jeunesse; aussi son influence sur l'esprit du roi était-elle sans limites.

Conseillers, ministres d'Etat, généraux, maréchaux, elle tenait tout dans sa main. La guerre, les finances, la marine, le commerce, les affaires étrangères n'étaient remplis que par ses créatures, et c'était bien à cette époque que, selon l'expression d'un historien, « Louis XV ne faisait qu'assister à son règne. »

L'ouverture de la foire Saint-Germain arrivait du reste fort à propos pour faire pendant quelque temps diversion aux pensées douloureuses que soulevaient dans les cœurs les désastreux résultats de la campagne de 1757, seconde année de la guerre de Sept-Ans.

Alors la foire de Saint-Germain était célèbre entre toutes.

A l'époque de sa fondation, accordée aux abbés de Saint-Germain en compensation des dommages que leur avaient causés les guerres civiles sous Charles VI et Charles VII, sa durée était de huit jours seulement; ainsi l'avait voulu Louis XI; mais plus tard le règlement s'adoucit et nous la voyons au XVIIIe siècle se prolonger jusqu'au dimanche des Rameaux, à partir de la Chandeleur.

Cette foire offrait un spectacle unique dans son genre. Tout Paris s'y donnait rendez-vous; pendant les sept semaines, temps moyen de son existence, la ville et la cour y affluaient.

« Les jeux, les divertissements, les plaisirs de toute espèce s'y confondaient au milieu d'un mouvement, d'un bruit, d'une licence dont ne donneraient qu'une bien imparfaite idée les plus animées de nos fêtes actuelles de campagne.

« Des boutiques, par centaines, y étalaient tout ce que la mode et le goût venaient d'inventer de plus raffiné et de plus frais : les spectacles, les concerts, les bals s'entassaient dans son faible espace, les escamoteurs, les saltimbanques, les histrions de toutes couleurs et de tout étage y pullu-laient. »

Cette appréciation descriptive de M. Horace Raisson est encore insuffisante et pâle. Les historiens du temps et les gravures, fort rares, que nous avons pu consulter renchéris-sent sur ce tableau.

C'était, paraît-il, un encombrement de cavaliers, de chai-ses à porteurs, de brouettes, de piétons à défier la plus habile des Arianes ; un mélange de cris, de chants, de mu-sique bruyante, d'appels, d'échos, de jurons, de *boniments*, d'aboiements de chiens, à assourdir les plus intrépides canonniers.

Les filles, les filous, les exempts, les soldats, les charla-tans, les grisons s'y rendaient par milliers et s'y entendaient, comme autant de larrons, pour duper, mystifier, molester le pauvre bourgeois, pendant que les filles de comptoir, pres-que toutes jolies et délurées, provoquaient le promeneur et, à force de coquetteries habiles, le forçaient à payer fort cher tels objets qu'il aurait pu avoir à bas prix dans les boutiques de la ville.

Les magasins construits en charpentes sculptées s'ali-gnaient assez régulièrement sur plusieurs rangs, encadrés par deux galeries divisées en magasins affectés, ceux de droite, aux oiseliers et aux faïenciers, ceux de gauche aux lingers.

Chaque maisonnette composée d'un étage très-bas et d'un rez-de-chaussée, donnait asile sur ses quatre faces à plu-sieurs industries.

Il était certains marchands achalandés qui gagnaient pendant la foire de quoi subvenir aux dépenses de l'année, comme cela arrive de nos jours pour les industriels qui vont s'installer aux eaux et aux bains de mer.

La foire Saint-Germain était de plus, et on le comprend
facilement, un rendez-vous naturel pour les amoureux qui,
grâce à la foule, aux bruits, aux lieux de plaisirs, pouvaient
facilement se dérober aux regards jaloux et tromper la vigilance de surveillants incommodes.

L'ouverture de la foire Saint-Germain était donc chaque
année attendue avec impatience ; ce qui précède explique
suffisamment l'émotion que nous avons signalée comme
existant dans Paris au moment où commence notre his-
toire.

Pendant que de tous côtés l'on s'entretenait de la solen-
nité du lendemain, deux jeunes gens, fille et garçon, blottis
sous l'auvent d'une maison de la rue de Buci, causaient
tout bas, si bas qu'un sylphe ne les eût pu entendre ; ils
s'entendaient pourtant, eux.

La raison en est qu'ils causaient d'amour.

Le garçon se nommait Louis Laurent et était tout modes-
tement frotteur au palais de Versailles.

La fille s'appelait Antoinette Beleau ; elle était demoiselle
de boutique chez une sienne parente, madame Boucheman,
marchande d'affiquets, et un peu cousine du sieur Boucheman, l'un des quatre valets de chambre ordinaires du roi.

Antoinette avait dix-huit ans.

Louis Laurent en avait vingt-cinq.

Ils étaient beaux tous deux.

Elle, petite, mignonne, délicate ; une miniature de femme
à mettre sur un autel en guise de statue, avec des yeux bleus,
des cheveux blonds et des lèvres rieuses.

Lui, grand, bien découplé avec des yeux noirs, des cheveux bruns, un air résolu, bien plus fait pour un soldat que
pour un serviteur.

Mais ainsi l'avait voulu son père autrefois.

Tous deux étaient orphelins et sans autres ressources
que leur travail et les bontés de la dame Boucheman.

Ils étaient fiancés et devaient se marier après les fêtes de

Pâques. Rien n'était donc plus honnête que cet entretien. Pourtant ils se cachaient, ils fuyaient tous les regards. C'est que le bonheur n'aime ni le bruit ni la foule, et que pour deviser de leurs charmants châteaux en Espagne il leur fallait la solitude et le silence.

— Quand vous serez ma femme, disait Laurent en abritant de son mieux sa compagne contre la bise de février, sous les plis de son manteau de gros drap, où la jeune fille se tenait comme un oiseau frileux dans son nid; quand vous serez ma femme, vous quitterez madame Boucheman ; vous viendrez à Versailles et avec nos petites économies vous ouvrirez une petite boutique d'affiquets et je vous aimerai tant, tant, que le bon Dieu, pour l'amour de vous, fera certainement prospérer notre commerce.

Certes, c'était une singulière raison que celle-là et un négociant sérieux eût voulu qu'à l'amour on ajoutât quelques milliers de livres pour faire prospérer ce commerce à naître ; mais si étrange que fût l'argument il était convaincant pour la jeune fille qui répondit en se pressant contre son fiancé :

— Quand vous serez mon mari, je vous aimerai tant que le cousin de ma tante, M. Boucheman, valet de chambre de Sa Majesté, vous donnera une bonne place où vous aurez moins de fatigue et plus de temps de libre, pour rester avec moi.

— Certes j'aimerais bien mieux vous voir tout simplement dans votre chambrette, seule avec moi, que de vous savoir dans un comptoir exposée aux galanteries de tous nos beaux seigneurs ; mais il faut songer à l'avenir... aux enfants que le ciel nous enverra certainement.

Cette pensée d'enfant fit rougir Antoinette, mais la nuit était venue et Louis Laurent ne vit rien.

— Oh! ces seigneurs je les déteste, d'abord parce qu'ils vous regardent, ensuite parce qu'ils n'aiment pas le roi. Tenez ma chérie, si l'un d'eux osait vous adresser ses hommages, je crois que je le tuerais..... et pourtant je sais bien que vous les repousseriez... n'est-il pas vrai ?

— Vous savez bien que je n'aime que vous, murmura Antoinette, et elle tendit son front virginal au jeune homme qui y déposa un chaste baiser.

Elle tremblait cependant, la pauvre fillette; c'est que les paroles de menace de son fiancé lui avaient rappelé qu'un de ces seigneurs qu'il détestait, non-seulement l'avait regardée souvent, mais encore à diverses reprises lui avait tenu des propos honteux.

De cet hommme qu'on appelait le chevalier de Bellac elle avait peur.

Vainement elle avait essayé de l'éconduire à force de froideur, d'indifférence, puis de mépris; il était toujours revenu et son insistance commençait à la préoccuper sérieusement.

Bien entendu, elle s'était gardée de révéler à son fiancé les poursuites obstinées du chevalier, de peur de provoquer quelque fâcheuse affaire dont le résultat n'aurait pu qu'être fatal pour l'homme du peuple; mais il lui tardait que son fiancé fût son mari ; cette union devant nécessairement mettre fin aux persécutions galantes du gentilhomme.

Cependant il se faisait tard, l'heure de rentrer au logis était venue et Laurent reconduisit Antoinette chez sa patronne.

— Eh bien! leur dit celle-ci, en riant avec bonté, eh bien, mes tourtereaux, vous en êtes-vous bien conté ! voilà un grand quart d'heure que le souper vous attend..., ah! ces amoureux... ça n'a pas faim... et dire, ajouta-t-elle avec un petit soupir moitié railleur, moitié triste, dire que j'ai été comme ça !... Allons, à table et puis au lit, Antoinette ! car demain il faut être sur pied à la première heure, la journée sera rude... rude et bonne.

II

Le lendemain au point du jour, toute la maison Boucheman était debout, s'apprêtant à se rende à la foire.

La boutique d'affiquets de Mme Boucheman était admira-
blement placée : elle était la première de la seconde rangée
en face l'entrée principale, ce qui la mettait en vue de toute
la foule.

Pour voisins, la marchande avait un parfumeur, un gan-
tier, un bijoutier, un éventailliste et un marchand d'objets
venant de la Chine.

Cet entourage était très-favorable aux intérêts de Boucheman, car ces boutiques, autant par la nature des objets ex-
posés que par la renommée acquise aux maisons, attiraient
l'élite des acheteurs.

En habiles marchands, tendeurs de lacs, les maîtres et
maîtresses de ces magasins avaient tous de charmantes fil-
lettes pour demoiselles de boutique ; aussi quelle armée de
galantins ! jeunes et vieux, riches et pauvres, nobles et
vilains se pressaient sur ce point. Quels feux roulants d'œil-
lades assassines, de propos incendiaires, de compliments,
de provocations, de soupirs. Nos belles, du reste, se défen-
daient fort bien, elles n'étaient pas filles de Paris pour rien,
et, tout en ménageant les intérêts du maître, savaient tenir
tête à l'ennemi... devant le public du moins.

Au portrait que nous avons esquissé d'Antoinette on

comprendra qu'elle devait être le point de mire de bien des attaques passionnées; mais tous les godelureaux perdaient leur temps.

Sous la marque de gaieté juvénile qu'elle prenait au comptoir pour attirer le chaland, la jeune fille cachait un fond solide de vertu, une âme délicate et une énergie peu commune ; d'un mot, d'un geste, d'un regard elle savait tenir à distance ceux qui oubliaient qu'elle n'avait ni père, ni mère pour la faire respecter ; sa réputation de sagesse était solidement et justement établie, aussi l'avait-on surnommée, sur le champ de foire, où elle venait depuis plusieurs années, mademoiselle *Perle-Blanche* et plus familièrement *la Perle.*

De plus, comme on savait qu'elle était fiancée au beau Louis Laurent, peu endurant et fort robuste, nul commis ne se fût permis de lui dire plus haut que son nom, selon l'expression consacrée.

Donc le lendemain dès l'aurore le personnel Boucheman fermant la boutique de la rue Buci, à côté du passage de la Treille, se dirigea en toute hâte vers le champ de foire.

La maison Boucheman se composait de cinq créatures : Mᵐᵉ Boucheman, maîtresse du lieu, bonne femme au fond, mais marchande avant tout, veuve de feu Hector Boucheman un assez mauvais mari qu'elle ne regrettait que tout juste, pour ne pas passer pour une mauvaise femme.

Antoinette Beleau, notre fillette à laquelle on obéissait avec plus d'empressement qu'à la patronne elle-même.

Barnabé, garçon de magasin, recueilli par charité à la sollicitation d'Antoinette, pauvre diable boiteux, bossu, contrefait, qui n'avait jamais connu que la souffrance pendant les trente années qui avaient précédé son entrée chez Mᵐᵉ Boucheman et qui depuis — de cela près de quatre ans — se trouvait en paradis.

Marianne Têtu, servante depuis trente-deux ans chez Mᵐᵉ Boucheman, vieille fille hypocrite, mauvaise, jalouse et aussi contrefaite au moral que Barnabé l'était au physique.

Marianne, cela va de soi, détestait Antoinette et exécrait Barnabé qui le lui rendait avec usure.

Enfin Bonbourru, gros chien fort laid, toujours grondant après les étrangers, montrant souvent les crocs à Marianne, mais souple, obéissant, caressant auprès de Barnabé dont il partageait la chambre et auprès d'Antoinette qu'il suivait partout comme un vrai garde du corps.

Madame Boucheman marchait en tête, en vrai général d'armée, tenant à la main son bâton de commandement, la demi-aune de bois de chêne. Venait ensuite Antoinette, portant un léger carton de dentelles, de rubans, etc.

A sa droite, mais un peu en arrière, Barnabé, chargé d'une lourde caisse.

A sa gauche, Bonbourru, dont le poil hérissé frôlait le cotillon de sa jeune maîtresse, s'arrêtant si elle s'arrêtait, pressant sa marche si elle pressait la sienne.

Puis enfin Marianne poussant devant elle et en rechignant une brouette contenant des paquets plus embarrassants que lourds.

La vieille fille n'avait pas choisi cette place sans raison. D'ordinaire elle marchait toujours côte à côte avec sa maîtresse, affectant de prendre le pas sur Barnabé; mais, cette fois, elle s'était tenue à l'écart. Tout en marchant elle regardait à droite et à gauche comme si elle eût attendu quelqu'un. En effet, au moment où Mme Boucheman tournait l'angle du passage de la Treille, un cavalier, caché sous un portail, se montra et fit signe à Marianne de s'arrêter.

Celle-ci jeta un regard rapide autour d'elle pour s'assurer que personne ne la voyait; Barnabé disparaissait derrière le mur du passage, et, se fût-elle retournée, Mme Boucheman n'eût pas vu ce qui se passait.

Tranquille sur ce point, Marianne suspendit sa marche. L'homme alla vers elle et lui remit une lettre.

— Surtout, lui dit-il, qu'elle la trouve ce soir dans sa chambre. Es-tu sûre que tu pourras la glisser sans être vue.

— Ah! je voudrais être aussi sûre de vous livrer la pécore ou de vous introduire dans sa chambre... Mais patience... ça viendra.

— Je l'espère... sers-moi fidèlement surtout, car si je paye bien, je punis de même.

— Fiez-vous à ma haine, monsieur le chevalier, et à mon intérêt.

Ce disant elle tendit la main. L'homme y mit une bourse et disparut.

Marianne se hâta de reprendre sa marche en pressant le pas pour regagner les deux minutes qu'elle venait de perdre, ce qui fut bientôt fait.

Comme elle sortait à son tour du passage, elle aperçut devant elle et à une distance de trente pas ses deux maîtresses qui pénétraient dans le *préau*. On appelait ainsi l'emplacement du marché.

Quant à Barnabé il était arrêté, assis sur une grosse pierre, de l'autre côté de la rue faisant face au passage. Le garçon de magasin, sans doute fatigué, reprenait haleine. Ainsi pensa la traîtresse avec d'autant plus de raison que son regard avait plongé dans la rue avant que le chevalier ne l'abordât et qu'elle n'avait rien vu.

La vérité était que Barnabé, masqué par une avance en bois, n'avait pu être découvert du passage, mais qu'il n'avait rien perdu des faits et gestes de la servante.

Depuis longtemps le perspicace bossu flairait une trahison. A différentes reprises il avait cru surprendre des regards d'intelligence entre Marianne et le chevalier de Bellac, le poursuivant d'Antoinette, et il se défiait trop de la vieille servante pour ne pas la surveiller.

Le hasard avait fait qu'il avait soudain reconnu le séducteur mal dissimulé dans sa cachette, et la présence de cet homme dans ce lieu et à cette heure matinale, lui avait donné à penser. Pour avoir le cœur net de ses soupçons, il s'était rapidement dissimulé derrière un ais à claire-voie et de là avait pu tout voir, sinon tout entendre.

— Ah! coquine, murmura-t-il entre ses dents, tu as compté sans Barnabé.

Il ne fit rien voir cependant de sa découverte et rechargeant sa caisse sur son épaule, il reprit son chemin.

Cependant la foire était ouverte. D'heure en heure arrivaient les curieux et les chalands et l'affluence était déjà grande quand, vers la troisième heure du jour, un grand bruit, un grand mouvement se produisirent dans les rues voisines et alla toujours croissant.

Selon les prévisions de la veille, le roi et la favorite venaient à la foire. La reine s'était abstenue.

On pense si grande était la rumeur et si marchands et marchandes étaient affairés.

Les exempts, les soldats de la maréchaussée, les gardes bousculaient les curieux pour laisser un passage libre à Sa Majesté qui, après être descendue de carrosse et donnant le bras à la marquise de Pompadour, se dirigeait à pas lents vers l'allée centrale.

A la suite du roi venaient quelques seigneurs conviés à cette partie et quelques belles dames qui ne dédaignaient pas de faire là des emplettes pour leur toilette.

Soit hasard, soit dessein prémédité, le roi s'arrêta devant la boutique de Mme Boucheman. Au premier rang, rose comme une cerise qui achève de mûrir, se tenait Antoinette, les yeux grands ouverts pour mieux voir.

Sa Majesté Louis XV avait beau être sous la tutelle galante de Mme de Pompadour, cela ne l'empêchait pas de s'émanciper le plus possible et la vue d'une jolie personne ne le laissait jamais indifférent.

La beauté mignonne d'Antoinette le frappa et de mauvaises pensées lui vinrent soudain au cœur.

— Voilà une charmante enfant, dit-il tout haut, n'est-il pas vrai, marquise?

—Charmante, en effet, répondit Mme de Pompadour ; car la favorite, on le sait, se montrait assez accommodante à l'endroit de la fidélité de son royal amant.

De rose qu'elle était, Antoinette devint rouge pivoine.

— Comment vous nomme-t-on, ma belle petite, fit la marquise avec une affabilité affectueuse.

Antoinette était trop émue pour prononcer un seul mot. Mais Mme Boucheman ne perdait pas la tête pour si peu et ce fut elle qui répondit :

— Antoinette, madame la marquise, Antoinette dite *Perle-Blanche*, pour vous servir.

— Tiens, dit le roi galamment, ce nom d'Antoinette est donc fait particulièrement pour les jolies femmes, chère marquise.

— Antoinette Poisson de Pompadour paya ce madrigal de son plus frais sourire ; mais Antoinette Belcau baissa les yeux avec confusion.

— Eh bien ! Mlle Antoinette Perle-Blanche, continua le roi, qui jouissait de l'embarras de la jeune fille, le roi de France vous trouve adorable et vous le dit.

Puis, de sa main royale et libertine, le petit-fils de Louis XIV donna une petite tape sur la joue de la jolie marchande, une tape qui ressemblait à une caresse et passa.

Pendant ce temps Bonbourru grondait et Barnabé faisait une grimace furieuse.

Dans Louis XV les deux gardiens de Perle-Blanche flairaient un ennemi.

Quant à Mme Boucheman, elle était radieuse. Sa recette était assurée pour longtemps. La station du roi devant sa boutique la mettait à la mode.

Et de fait, ce fut pendant plusieurs jours l'événement de la foire.

III.

Le soir même de sa visite à la foire Saint-Germain, le roi
eut un entretien particulier avec Lebel, son premier valet
de chambre, confident et agent de ses amours bourgeoises.

Sa Majesté avait daigné jeter les yeux sur Perle-Blanche
pour faire l'intérim de Mme de Pompadour et Lebel était
chargé de mener l'affaire à bonne fin.

Maître Lebel n'était pas homme à s'embarquer en aveugle
maladroit dans une intrigue de ce genre, et bien que le roi
lui eût cent fois répété qu'il était las de la marquise, le premier valet de chambre s'empressa de prévenir la favorite.

Mme de Pompadour connaissait son Louis XV par cœur et
elle se gardait bien d'apporter des obstacles à ses fantaisies,
sachant que ces obstacles ne feraient que rendre Sa Majesté
plus amoureuse. Elle donna donc carte blanche à Lebel, se
réservant d'intervenir pour le cas improbable où le danger
deviendrait sérieux.

Lebel était connu partout. Personne n'ignorait de quel
honteux emploi il était investi auprès du roi et la chose était
devenue si notoire, que sa présence auprès d'une jeune fille
était sur-le-champ interprétée en mauvaise part et moti-
vait un redoublement de surveillance de la part de ses
parents.

Lebel, donc, ne songea pas à agir directement et, suivant
son habitude, il fit intervenir un tiers que sa position obli-

gerait au secret, à la prudence, en même temps que la pénurie de sa situation le rendrait souple et bon à tout.

Or, parmi les créatures de ce genre que connaissait Lebel, se trouvait le chevalier de Bellac, gentilhomme taré, besoigneux et peu scrupuleux dans le choix des moyens pour relever sa fortune.

Il le fit venir à Versailles et lui confia la mission de séduire Antoinette au nom du roi.

Pour exciter son ardeur, à côté de la récompense pécuniaire qu'il lui promit, il lui donna à entendre que Perle-Blanche pourrait bien être appelée à supplanter entièrement la Marquise et que, dans ce cas, c'était pour lui un coup de fortune.

De Bellac accepta avec d'autant plus d'empressement cette infâme entreprise qu'il était l'ennemi de la marquise. Celle-ci ayant appris que notre intrigant s'était trouvé mêlé à quelques menées contre elle, lui avait fait passer plusieurs mois à la Bastille, d'où il était sorti par hasard, un jour que la favorite, satisfaite d'avoir remporté une victoire sur l'archevêque de Paris, avait donné plusieurs ordres d'élargissement.

Le chevalier se garda bien de se vanter que lui-même avait déjà cherché à agir pour son propre compte sur l'esprit de la jeune fille et il promit de se mettre en campagne sur-le-champ, affirmant que sous peu de jours les désirs de Sa Majesté seraient comblés.

Dépravé à l'excès et dépassant sous ce rapport les roués de cette époque féconde en scandales de tous genres, le chevalier jugeait toutes les consciences à la mesure de la sienne.

Il n'admettait pas qu'une femme ne se trouvât pas très-honorée d'avoir appelé l'attention du roi ; il comptait donc bien trouver docile, du moment qu'il s'agirait de Sa Majesté, celle qu'il avait, lui, rencontrée rebelle à ses vœux et dont il abandonnait la conquête.

Il ne lui fallait, pensait-il, que pouvoir parler à la jeune fille. Mais ce n'était pas chose facile.

Jamais Antoinette ne sortait seule, du moins pendant la durée de la foire.

Elle partait le matin avec sa maîtresse et revenait le soir avec elle.

Quand par hasard une course indispensable était à faire, toujours Barnabé l'accompagnait.

D'autre part, quand Laurent n'avait pas affaire à Versailles, il venait à Paris et s'installait dans la boutique de Mme Boucheman.

Il fallait donc compter sur ce hasard.

Mais le hasard pouvait faire attendre très-longtemps l'instant favorable. Heureusement Marianne était là et sans s'ouvrir entièrement à elle, ce qui était parfaitement inutile, de Bellac put se concerter avec elle pour faire tomber Antoinette dans un piége.

— Il faut absolument que je la voie, ne fût-ce qu'une demi-heure, dit le chevalier à la servante. .

— Pour cela, il faudrait que le diable lui envoyât une bonne indisposition. Dans ce cas elle resterait au logis seule avec moi. Je m'absenterais et vous saisiriez l'occasion aux cheveux ; mais elle se porte comme le Pont-Neuf.

— Et comme le diable ne se mêlera pas de vos affaires, ma mie, il faut suppléer à sa négligence.

— Que voulez-vous dire ?

— Puisque je ne puis la voir que si elle tombe malade, eh bien ! rendons-la malade.

— Du poison, juste Dieu !.... y pensez-vous ?.... et la justice !...

Ce n'était pas la pensée du crime qui révoltait la digne Marianne, mais seulement l'idée que la justice pourrait intervenir.

— Et qui te parle de poison, triple sotte ! peste, comme tu y vas.

— Qu'entendez-vous donc ?

— Lui faire prendre tout simplement un médicament quelconque, qui, sans l'exposer à un danger sérieux, la force cependant à rester au logis.

— Je comprends.

— Ce n'est pas malheureux. Demain, je te remettrai ce qu'il faut et tu t'arrangeras pour qu'elle l'avale ; quand le moment sera venu tu viendras me prévenir.

Ce bel entretien avait lieu une semaine après la visite du roi à la foire, maître de Bellac n'ayant pu trouver une minute pour parler à Perle-Blanche sans témoin depuis ce jour, grâce à la surveillance incessante et occulte de Barnabé.

Pendant ce temps, Antoinette, ne se doutant en aucune façon des projets criminels qui se tramaient contre elle, se livrait au bonheur que lui promettait son prochain mariage.

Elle était d'autant plus rassurée que bien qu'elle eût aperçu plusieurs fois le chevalier parmi les flâneurs qui stationnaient devant sa boutique, celui-ci n'avait pas paru songer à elle.

La tentative de la lettre n'avait même eu aucun résultat. Barnabé avait pris ses mesures pour que l'insolente missive n'arrivât pas à son adresse. Le soir même il l'avait enlevée à Marianne qui l'avait placée dans une poche de sa mante, en attendant qu'elle pût pénétrer dans la chambre d'Antoinette, ce qui n'était pas très-aisé, la jeune fille gardant toujours sa clef.

Quand la servante ne retrouva plus la lettre elle crut l'avoir laissée tomber dans la rue, et ne s'en inquiéta pas davantage. Un mensonge la tira d'affaire auprès du chevalier et tout fut dit.

Deux jours après l'entrevue mystérieuse des deux complices l'agent de Lebel remit à Marianne une petite fiole contenant une liqueur incolore. Deux gouttes versées dans un

verre d'eau devaient provoquer une fièvre presqu'immé-
diate, une espèce de migraine sans conséquence fâcheuse.
Tous les matins Antoinette prenait une tasse de lait en se
levant. Ce fut à cet innocent breuvage que Marianne mêla
la liqueur nuisible. Seulement au lieu de deux gouttes elle
en jeta quatre ou cinq, si bien qu'au lieu d'une migraine
innocente Antoinette éprouva presque subitement un étour-
dissement très-violent.

— Couche-toi quelques heures, lui dit Mme Boucheman,
qui ne pouvait se décider à retarder d'une demi-heure l'ouverture de sa boutique, Barnabé me suffira pour ce matin.

Marianne aida Antoinette à s'étendre toute habillée sur
son lit et sortit en toute hâte pour prévenir le chevalier.

Après une absence de vingt minutes la misérable servante
ramena de Bellac et fit le guet pendant que celui-ci péné-
trait chez la malade.

Mais voilà qu'au lieu de trouver une femme indisposée le
chevalier vit une femme endormie; en augmentant la dose
Marianne avait provoqué un engourdissement général.

Le chevalier connaissait trop bien la nature de sa drogue
pour redouter un empoisonnement, et, comprenant rapidement ce qui s'était passé, il se demanda s'il ne fallait pas
profiter de l'occasion miraculeuse qui s'offrait à lui pour
enlever Perle-Blanche tout de suite. Cette idée lui sou-
rit, et, l'espoir d'un gros gain lui donnant une audace inouïe,
il se mit en devoir de l'exécuter en se faisant aider par sa
complice; mais il avait compté sans Bonbourru.

Nous avons dit que le chien ne quittait jamais Antoinette;
celle-ci n'étant pas allée à la foire, le fidèle animal était resté
au logis.

Quand le chevalier était entré dans la chambre de Perle-
Blanche, Bonbourru se trouvait dans quelque coin de la
cour ou de la cuisine; mais, ramené par son instinct à ses
habitudes et entendant des pas étrangers, il s'était élancé en
aboyant vers l'escalier, et quand de Bellac s'avançait réso-

lûment vers son lit pour saisir Antoinette et l'emporter dans ses bras comme une enfant, le brave chien bondissait sur lui en poussant un rugissement sourd.

L'intelligent animal avait deviné un ennemi. De Bellac voulut se débarrasser de cet adversaire redoutable, mais la bête était courageuse et forte. Avant que l'homme eût pu le saisir, le frapper d'un coup de pied, Bonbourru l'avait mordu cruellement aux jambes et aux mains en faisant retentir la maison de ses aboiements furieux.

Marianne entendait bien ce vacarme, mais elle en ignorait la véritable cause ; elle ne voyait dans les aboiements de l'animal que les preuves de sa vigilance habituelle, provoquée par la présence d'un étranger ; et elle aurait laissé dévorer de Bellac sans se douter du danger qu'il courait.

Mais voilà qu'elle aperçut de son poste d'observation Barnabé qui venait à la maison.

Le brave garçon inquiet sur la santé de sa protectrice et ne s'expliquant pas ce malaise aussi violent que subit, voulait savoir si le mal diminuait ou s'il fallait envoyer chercher un médecin.

— Miséricorde ! fit Marianne en grimpant les marches, décampez, voici le bossu !

A cette nouvelle, Bellac se précipita vers l'escalier en blasphémant, et toujours poursuivi par Bonbourru. Marianne lança un coup de pied à la pauvre bête qui roula sur elle-même, ce qui permit au chevalier de gagner la porte de la rue et de la refermer.

Mais Barnabé avait entendu la voix du chien, et il avait pressé le pas, pressentant un danger. Malheureusement, l'ami d'Antoinette ne pouvait pas courir, et, avant qu'il ne fût à la porte de la maison, de Bellac avait disparu dans une ruelle. Toutefois, il avait été reconnu.

Aux questions de Barnabé, Marianne répondit qu'il avait mal vu, que personne ne sortait de la maison, et que Bonbourru avait aboyé par habitude.

Le bossu ne se paya pas de ces réponses, mais il dut s'en contenter.

Quant à l'engourdissement somnolent d'Antoinette, il l'attribua à son indisposition, et se retira d'autant plus rassuré, qu'au bout d'une petite demi-heure le narcotique avait cessé d'agir, et que la jeune fille éveillée n'éprouvait plus qu'une lassitude générale et un peu de lourdeur au cerveau.

Ainsi que nous l'avons dit, Barnabé n'avait pas ajouté foi aux raisons de Marianne, mais il se demandait en vain ce qui s'était passé. Tout ce qu'il pouvait admettre, c'est que le chevalier avait voulu voir Antoinette et lui parler ; que la vieille fille l'avait probablement servi, et que le lourd sommeil de la jeune fille, autant que la vigilance instinctive de Bonbourru, avait arrêté le séducteur dans ses projets de déclaration amoureuse...

Que devait-il faire, cependant?

Évidemment son devoir était de prévenir Mme Boucheman et Laurent, protecteurs naturels de Perle-Blanche. Il garda cependant le silence sur cet incident mystérieux, comme il l'avait gardé sur ceux de la lettre et des accointances de Marianne et du chevalier.

Pourquoi cette réserve?

C'est que le pauvre disgracié de la nature aimait Antoinette de toutes les forces de son cœur; elle était l'objet de son adoration, de son culte. Il savait bien que c'était à lui une folie, une torture ; il n'ignorait pas que Laurent fût aimé ; mais son amour à lui était de ceux qui vivent de souffrances et d'abnégation. Le seul bonheur qu'il rêvât, c'était de protéger son idole, de la garder de tout danger. Et associer quelqu'un à cette œuvre de dévouement lui eût semblé une profanation de son propre amour.

Martyr inconnu de sa passion profonde, il s'efforçait de dérober son secret à tous les regards, car il savait bien que ce mystère, une fois dévoilé, nul ne lui épargnerait les sarcasmes. Qui sait si Antoinette elle-même, malgré sa doucœur angélique, ne viendrait pas un jour aussi à rire de ce amour insensé et de cet amoureux ridicule?

Or, plutôt que de s'exposer à perdre cette touchante bienveillance que la jeune fille lui témoignait, Barnabé n'eût pas hésité à mourir.

Quant à Antoinette, elle ne se douta même pas du danger qu'elle avait couru.

IV.

Pour peu qu'on se reporte aux souvenirs déplorables,
honteux, qu'a laissés Louis XV, ce roi débauché, on s'éton-
nera de voir Sa Majesté très-chrétienne s'arranger des len-
teurs inusitées qu'il rencontrait dans l'accomplissement de
ses désirs. Il avait donné l'ordre d'enlever Antoinette, et
six semaines s'étaient écoulées, sans qu'il eût entendu parler de la Perle de la foire Saint-Germain.

Fait plus significatif encore, s'il ne s'était pas enquis des
causes de ce silence, de cette inaction ; c'est que, malgré
son incurie, son insouciance, et le fameux « *après nous le
déluge,* » la royauté n'était pas positivement sur un lit de
roses.

La France subissait encore les conséquences de la défaite
de Rosbach. L'armée désorganisée, ruinée par le pillage et
les maladies, oublieuse de toute discipline, refusait d'obéir
au comte de Clermont, de la maison de Condé. Pour obte-
nir un semblant d'obéissance, même des officiers, il avait
fallu en casser successivement quatre-vingts.

Notre marine était aux abois ;

Nos finances perdues ;

Pitt et Frédéric le Grand ameutés contre nous ;

Le Parlement refusait d'enregistrer les édits.

Le peuple murmurait, chantonnant le roi et la favorite, ·
qui, n'écoutant que son orgueil, avait voulu quand même

continuer la guerre, et nous entassions désastres sur désastres.

Enfin, une circonstance favorable et de bien plus grande
importance pour les destins d'Antoinette, était venue s'ajou-
ter aux complications politiques, et protéger la fiancée de
Laurent. Lebel était tombé malade, et les autres valets de
chambre ne pouvaient le remplacer dans la plus sérieuse de
ses fonctions auprès du roi, celle de pourvoyeur de la maison du Parc-au-Cerf.

L'échec de maître de Bellac ne l'avait pas découragé, loin
de là! il n'avait fait qu'exciter son zèle, et il se mit à rêver
les plans les plus audacieux pour arriver à ses fins. Après
bien des calculs, bien des projets conçus et abandonnés, il
s'arrêta au plus dangereux, en apparence, mais qui offrait
de grandes chances de réussite justement à cause de sa
témérité.

Il s'agissait tout simplement d'un enlèvement à force
ouverte.

Le fait n'était pas sans précédent; on peut même dire
qu'il était passé comme dans les mœurs de la foire, sous la
Régence.

Voici ce qui se pratiquait même sous l'administration du
vigilant Voyer d'Argenson.

Pendant toute la durée de la foire, les grands seigneurs
libertins passaient en revue les belles filles de boutique, les
jolies marchandes, et, dès qu'ils avaient jeté leur dévolu sur
l'une d'elles, n'épargnaient ni les promesses, ni les présents,
ni les protestations pour atteindre leur but.

Cependant il arrivait encore assez souvent qu'ils éprou-
vaient ou des refus formels, ou qu'ils rencontraient des
obstacles insurmontables élevés par des maris peu tolérants
ou des frères jaloux de l'honneur de leur famille.

Dans ce cas, il n'était pas rare de voir l'amoureux écon-
duit avoir recours à la violence, ni plus ni moins que s'il eût
été Romulus, et que les Parisiennes eussent été des Sabines.

Le jour de la fermeture de la foire, le soupirant réunissait une escouade nombreuse de drôles à tout faire, qu'il payait grassement, et dont il doublait l'audace par de nombreuses libations.

Ces honnêtes bandits se tenaient aux abords du préau, et, au moment où le jour commençait à baisser, c'est-à-dire vers la dernière heure de la journée, à un signal donné, la bande envahissait la foire par les deux issues, en poussant des cris épouvantables.

« La foule surprise, dit un historien, éperdue, se ruait d'un mouvement machinal sur les boutiques, cherchait un abri dans les théâtres, courait se réfugier vers les comptoirs ; les cris des femmes, les imprécations des marchands, augmentaient le désordre, et cette perturbation effroyable, cette confusion et cette terreur duraient une demi-heure environ. Ce temps suffisait au gentilhomme ou au fermier général pour faire enlever quelque honnête et jolie marchande qu'avaient été impuissantes à séduire des offres brillantes et d'amoureuses protestations. »

« De toute cette rumeur (ajoute notre auteur), il est vrai, il résultait ordinairement plus de bruit que de besogne ; d'ordinaire aussi, il est vrai, l'Hélène enlevée aux comptoirs de la foire Saint-Germain, reparaissait l'année suivante plus riche, sinon plus jolie. »

Tel était le moyen qu'on se proposait d'employer pour exécuter les ordres de Lebel.

A la vérité, Voyer d'Argenson avait essayé de sévir contre ces actes indignes, et, vers le dernier temps de son pouvoir, il avait fait payer cher à leurs auteurs ces inqualifiables violences.

L'un de ces malfaiteurs titrés expia même son crime par plusieurs années de Bastille. Il est vrai que celui-là était fort mal en cour et qu'il n'appartenait pas à la société inviolable et sacrée des Chamillac, des Broglie et des Nocé.

Quoi qu'il en soit, l'usage était peu à peu tombé dans

l'oubli, et, depuis plusieurs années, la foire Saint-Germain n'avait pas été prise d'assaut.

Cette circonstance rendait l'entreprise plus facile et le succès plus certain ; la sécurité régnait chez tous les marchands, et nul ne songeait à se mettre à l'abri des attaques comme autrefois.

D'un autre côté, le chevalier de Bellac était rassuré par la faiblesse du lieutenant de police en fonctions, M. Bertin de Bellisle, homme d'un esprit assez borné, plus occupé de plaire à la marquise de Pompadour que de ses devoirs, et par la nature du but qu'il se proposait.

La protection du roi ne lui était-elle pas acquise de droit, puisque c'était pour satisfaire aux désirs de Sa Majesté qu'il se rendait coupable.

Notre homme alla à Versailles, dit Lebel, et lui confia ses projets.

Le valet de chambre les approuva, et lui fournit les moyens de les exécuter, en lui remettant des subsides pour sa troupe.

Au jour dit, un carrosse fermé, conduit par un homme sûr, stationnait à cinquante pas de la porte du préau, et soixante gaillards résolus et à moitié gris se postèrent, prêts à envahir la foire.

Pour augmenter le désordre, il avait été convenu qu'on jetterait des pétards dans la foule.

Au milieu de la confusion, six hommes déterminés devaient se précipiter dans la boutique de Mme Boucheman, enlever Antoinette, l'emporter jusqu'au carrosse où de Bellac l'attendrait.

L'affaire faite, les hommes s'échappaient, et le ravisseur conduisait sa proie directement à Versailles, dans un lieu indiqué.

Tout se passa comme il avait été décidé.

Perle-Blanche fut enlevée, bâillonnée et emportée.

Vainement Barnabé opposa-t-il une résistance désespérée

aux ravisseurs, un coup de bâton lui fendit la tête et l'étendit sur le sol.

Vainement aussi Bonbourru s'était précipité sur l'un des misérables et l'avait mordu à emporter le morceau, un coup de trique avait cassé les pattes de devant à la pauvre bête et l'avait mise dans l'impossibilité même de suivre ceux qui entraînaient sa chère maîtresse.

Quant à Mme Boucheman, elle avait totalement perdu la tête et n'avait assisté que comme dans un brouillard à l'enlèvement de la jeune fille. Ce ne fut qu'au bout d'un quart d'heure, quand le calme se fut un peu rétabli qu'elle s'aperçut de la disparition de Perle-Blanche.

La nouvelle s'en répandit bientôt sur tous les coins du marché et l'on conclut sans peine que l'échauffourée qu'on venait de subir n'avait été organisée que dans ce but.

On ne manqua pas de rapprocher ce rapt de la circonstance de l'ouverture de la foire, c'est-à-dire de la station du roi devant la boutique de Mme Boucheman et des compliments dont la Perle avait été l'objet, et le soir même tout le quartier, le lendemain tout Paris savait que Sa Majesté avait fait enlever avec violence une jeune fille renommée par sa beauté et sa sagesse.

Si habituée que fût la ville aux actes pervers du roi, ce dernier souleva une indignation générale dont l'écho arriva jusqu'aux oreilles du lieutenant de police.

M. Bertin de Bellisle n'était pas homme à s'émouvoir de si peu, et il aurait laissé probablement le peuple murmurer si les circonstances le lui avaient permis.

Mais il se trouva que plusieurs ennemis de la marquise de Pompadour, membres du Parlement, eurent la pensée de s'occuper de cette affaire. Non pas que ces honnêtes magistrats se souciassent le moins du monde de Perle-Blanche et du danger que courait son honneur; non pas qu'ils vissent sérieusement un acte à punir; mais tout simplement parce qu'ils jugèrent l'occasion favorable pour faire la guerre au ministère, au Conseil d'Etat, au lieutenant de police, à tous ceux enfin que protégeaient la rivale éhontée de la reine.

Le scandale fut donc exploité habilement et bruyamment, si bien qu'on dut forcément procéder à une enquête.

Une enquête sur la conduite du roi !

Le cas était grave, impraticable.

On se garda bien de mettre en jeu la personne de Sa Majesté.

On feignit même d'ignorer que les ravisseurs eussent obéi à des ordres émanant directement ou indirectement de l'autorité royale ; et l'on s'en prit au lieutenant général de la police.

On réunit tous les documents, tous les renseignements possibles, et un mémoire fut présenté au nom de Mme Boucheman.

La marquise de Pompadour ne fit d'abord pas attention à cette petite tempête, mais quand elle vit la tournure que prenaient les choses, elle fit venir Lebel et lui demanda des explications.

Lebel avoua tout ce qu'il savait, mais ce qu'il savait se réduisait à bien peu de chose.

Il rappela à la marquise la confidence qu'il lui avait faite à propos d'Antoinette et des intentions du roi ; lui fit souvenir qu'elle lui avait donné carte blanche ; lui dit quels avaient été les plans de Bellac, plans approuvés par lui, Lebel, mais ajouta que depuis la veille de la fermeture de la foire, il n'avait entendu parler ni du chevalier, ni de la Perle.

La marquise n'ajouta pas d'abord foi à cette partie du récit de Lebel, mais celui-ci lui ayant affirmé la vérité de ses dires par serment, il fallut bien qu'elle s'y rendît.

— Ainsi tu me jures que tu ne sais rien du sort de cette jeune fille ? dit en finissant la marquise.

— Je le jure, répondit Lebel.

— Sur quoi ?

— Sur mes intérêts, ma sûreté.

— Très-bien, et Sa Majesté?

— Sa Majesté ne sait rien non plus, j'en ai la conviction.

— La maison du Parc-au-Cerf?

— Entièrement libre.

— Bien vrai?

— Très-vrai.

— Alors, il y a un mystère, un malheur, une intrigue.

— Probablement.

— Et dont il me faut le mot. Du moment que nous pouvons agir sans craindre de compromettre le nom du roi, agissons.

— Je suis aux ordres de madame la marquise.

— Qu'on fasse prévenir M. de Bellisle, il faut que cette affaire tourne à la confusion de nos ennemis.

— D'autant plus qu'on parle d'une pétition à la reine.

— Très-bien! mais il ne faut pas que ce soit S. M. la Reine qui arrive à tout découvrir, à venger la morale et à punir les coupables, c'est à moi que ce devoir revient. Je vais trouver le roi.

Certes la morale devait s'étonner de se voir vengée en perspective par Mme de Pompadour; mais il y avait si longtemps que la pauvre fille était outragée par ladite Pompadour qu'elle pouvait bien enregistrer cette promesse, — ce n'était pas un abus de confiance.

V.

Comment ni Lebel, ni son royal maître n'avaient-ils entendu parler ni du chevalier de Bellac, ni de sa victime,
bien que plusieurs jours se fussent écoulés depuis l'enlèvement? C'est ce que nous allons expliquer.

Antoinette avait été remise bâillonnée aux mains du chevalier. La portière avait été fermée, les glaces baissées, et
les chevaux, enlevés par un vigoureux coup de fouet, étaient
partis au galop.

La terreur avait d'abord paralysé toutes les facultés de la
jeune fille et elle était à peu près sans connaissance quand
ses ravisseurs l'avaient placée dans la voiture.

De Bellac s'était bien gardé de la faire revenir à elle. Cet
évanouissement à peu près complet servait trop bien ses
projets. Il ne songea qu'à maintenir Perle-Blanche de ma-
nière à lui épargner les secousses que lui faisaient éprouver
les cahots de la voiture, lancée à fond de train.

Au bout d'un quart d'heure, on était dans la campagne
sur la route de Versailles.

Pendant ce rapide trajet Antoinette avait repris ses es-
prits ; mais afin de se recueillir à son aise, elle avait feint
d'être toujours sans connaissance.

Dès qu'il s'était senti sur la grande route, le chevalier
n'avait plus redouté les cris de sa captive et il l'avait débâil-
lonnée, et, s'inquiétant de cette immobilité prolongée, il

lui fit respirer des sels dont il s'était muni, par pré-
caution.

Perle-Blanche n'avait pas besoin de ce secours ; depuis
plusieurs minutes son évanouissement n'était qu'une feinte,
et d'ailleurs elle n'avait jamais entièrement perdu l'usage
de ses sens, elle simula un retour à la sanité d'esprit et
murmura en se frottant les yeux un *où suis-je ?* qui eût
trompé le plus exercé des inquisiteurs.

— Ne craignez rien, mademoiselle, lui dit respectueuse-
ment le chevalier, vous êtes entre les mains d'un homme
qui vous respecte autant qu'il vous admire.

Antoinette aux dernières lueurs du jour avait cru reconnaître de Bellac, le son de sa voix la confirmait dans ses
soupçons.

Ainsi elle se trouvait seule, sans espoir de secours au
pouvoir de cet homme qui l'avait poursuivie de ses obses-
sions injurieuses.

Cette pensée effraya Perle-Blanche, mais elle se garda
bien de laisser voir sa peur.

— Qui êtes-vous, dit-elle.., que me voulez-vous, pourquoi
m'avoir enlevée ?

— Qui je suis ? Un homme qui vous adore.

Antoinette trembla plus fort.

— Ce que je veux ? votre bonheur.

Antoinette instinctivement s'était reculée dans le fond de
la voiture et avait tendu les mains en avant avec l'espoir de
rencontrer la poignée de la fermeture de la portière ; son
projet était de se soustraire par la fuite aux attaques de son
persécuteur, dût-elle se briser le front sur les cailloux de
la route.

Mais la nuit était venue ; la route était plongée dans une
obscurité profonde et, au lieu de mettre la main sur cette
poignée, elle l'enfonça dans une des poches de la voiture où
le chevalier avait placé des pistolets.

Au contact de ces armes, la jeune fille tressaillit et sentit l'espoir renaître dans son cœur, tout doucement elle tira à elle les armes et les plaça à côté d'elle.

Désormais elle était sûre de n'avoir plus rien à redouter de son ennemi.

— Pourquoi je vous ai fait enlever? contina de Bellac, mais pour vous assurer une existence enviée entre toutes.

— Croyez-vous donc me tenter par vos paroles, monsieur, et pensez-vous que je sois plus disposée à vous écouter aujourd'hui après l'acte indigne que vous venez de commettre, qu'il y a deux mois ; dites, monsieur de Bellac, le croyez-vous. Ordonnez au cocher de retourner ; faites-moi reconduire chez Mme Boucheman et j'oublierai tout : votre amour se présente mal ainsi !

— Hélas, mademoiselle, je ne suis plus pour vous l'ardent amoureux, chevalier de Bellac, mais le plus humble de vos serviteurs.

Antoinette ne comprenait rien à ce langage humble et timide ; elle s'attendait à essuyer le feu de nouvelles déclarations, de protestations ardentes, elle craignait davantage encore et voilà qu'elle se trouvait devant un homme qui, après l'avoir arrachée aux siens, tremblait devant elle.

— Je ne sais ce que vous voulez dire, monsieur, mais comme vous ne pouvez avoir que de mauvaises intentions, je vous somme de nouveau de me ramener à Paris.

— Cela m'est impossible, mademoiselle, et quand vous saurez au nom de qui j'agis, à quels ordres j'obéis, vous cesserez de vous étonner et de vous plaindre.

Pendant ce temps, les chevaux dévoraient l'espace. Antoinette cherchait vainement à deviner le sens de ces paroles énigmatiques, et la vérité était à cent lieues des nombreuses hypothèses qui se pressaient dans son cerveau.

Ce qu'il y avait de certain, c'est qu'elle courait un danger et que le chevalier était un instrument dont on se servait.

— Monsieur, lui dit-elle, si vous ne faites pas arrêter les

chevaux, je vous jure que je me tue à vos yeux, je vous le jure sur ma sainte patronne.

— Mademoiselle, écoutez-moi, répondit le chevalier ; je n'arrêterai pas les chevaux parce que cela est contraire aux ordres que j'ai reçus. Vous ne vous tuerez pas, parce que, bien avant que vous n'ayez ouvert cette portière pour vous précipiter sur la route au risque de vous faire broyer, je vous aurai empêchée de faire un mouvement, et pour en finir tout de suite avec vos inquiétudes, pour vous calmer, vous rendre aussi joyeuse que je vous vois courroucée, je vais vous dire à qui j'obéis et où je vous conduis.

Le ton solennel du chevalier imposa pour un instant à la jeune fille, qui attendit avec une anxiété curieuse la fin de la révélation.

— Eh bien ! dit-elle d'une voix qui trahissait son émotion.

Le chevalier s'était arrêté pour juger de l'effet de sa phrase, et à l'interrogation de Perle-Blanche il comprit qu'elle avait porté.

— Allons, se dit-il, tout va bien... j'en étais sûr. De Bellac, mon ami, te voilà sur le chemin de la fortune.

— Eh bien, répéta Antoinette, où me conduisez-vous ?

— Au roi de France !

— Au roi de France ! se dit la jeune fille stupéfaite.

— Oui. Sa Majesté vous a vue, elle vous aime avec passion et vous remplacerez la Pompadour.

La foudre fût tombée aux pieds de la pauvre demoiselle de comptoir qu'elle n'eût pas été plus effrayée. La stupeur la rendait muette.

De Bellac se trompa sur les sentiments d'Antoinette ; il la crut éblouie par la perspective de cette grandeur aussi honteuse qu'inattendue, et le misérable s'empressa de plaider sa propre cause.

— Permettez-moi d'espérer, mademoiselle, que vous ne m'oublierez pas. Vous vous souviendrez que c'est Bellac qui vous aura conduite au trône, et quand vous serez duchesse, — car vous serez certainement duchesse, le roi ne saurait moins faire, — vous m'aiderez à reconquérir mes biens, mes titres et mon rang.

De Bellac n'avait jamais eu ni rang, ni biens, ni titres ; sa noblesse était fort douteuse même. Mais il allait criant partout que la favorite l'avait dépouillé de tout.

Antoinette, cette fois, sentit son cœur se soulever de dégoût en même temps que la terreur envahissait son âme.

Dans son esprit passa soudain, rapide et sinistre comme un éclair d'orage, un affreux tableau, celui du roi abusant de son pouvoir pour l'enlever à son fiancé et l'avilir à ses propres yeux, en même temps que le souvenir de Louis Laurent resplendissait en son cœur.

L'un lui donna un courage héroïque, l'autre la fit frémir d'horreur.

Le cocher, pour laisser souffler ses chevaux qui avaient fourni plus d'une lieue d'une seule traite, les laissait gravir au pas une petite côte. Le moment était favorable pour la fuite.

Profitant donc de l'occasion, Antoinette ouvrit brusquement la portière et s'élança.

Le chevalier voulut l'arrêter et la saisir par sa jupe, mais l'impulsion était donnée et un morceau d'étoffe lui resta dans la main. A son tour il bondit sur la route. Antoinette se retourna et, lui présentant les pistolets dont elle s'était armée, elle lui dit :

— Si vous portez la main sur moi, je vous tue !

De Bellac n'était pas très-brave, et s'il ne s'était agi que de ses amours personnelles, il se serait tenu pour averti et aurait laissé la captive s'éloigner ; mais laisser fuir Perle-Blanche, c'était à la fois s'exposer à la colère du roi et à perdre tout espoir de fortune, sans compter que le bruit de cette affaire, une fois manquée, pourrait revenir aux oreilles de Mme de Pompadour, qui ne lui pardonnerait pas. Toutes ces considérations lui donnèrent du courage et sans tenir compte de la menace de la jeune fille il la saisit à bras-le-corps.

Antoinette, malgré sa résolution, n'était pas femme à tuer ainsi un homme, et elle ne fit pas feu ; mais dans la lutte, le chien d'un des deux pistolets s'abattit, le coup partit et la balle alla frapper le chevalier en plein corps.

Le chevalier s'affaissa en poussant un cri déchirant, entraînant avec lui la jeune fille, qui sentit quelque chose de chaud et d'humide éclabousser son visage.

C'était le sang du malheureux qui avait jailli de la blessure comme poussé par un piston, effet produit par la chute du corps.

La détonation de l'arme à feu effraya les chevaux qui s'emportèrent et descendirent dans un galop furieux l'autre versant de la colline au sommet de laquelle ils étaient arrivés.

Antoinette se dégagea, folle de terreur, et se mit à courir en criant à l'aide.

Mais la route était déserte et la nuit noire.

Dans sa course désordonnée elle se heurta contre un arbre, fit une chute et se donna une entorse.

Surmontant la douleur et toujours sous l'impression du terrible événement qui venait de s'accomplir, elle se releva et reprit sa marche précipitée à travers les chemins sans se rendre compte de la direction qu'elle suivait.

Mais, au bout d'un certain temps, les forces lui manquèrent totalement et, succombant à la douleur et à la fatigue, elle tomba sur le sol en murmurant le nom de Louis.

Au matin Antoinette, souillée de sang et de boue, grelottant la fièvre, divaguant, était relevée par de braves marchands forains, saltimbanques et bohémiens, qui parcouraient le pays dans leur carriole, maison roulante qui leur servait à la fois de logis, de magasin et de boutique.

Ils y installèrent de leur mieux la malade et, tout en lui prodiguant tous leurs soins, continuèrent leur route vers Paris, où ils se rendaient.

Ils espéraient qu'une fois la fièvre apaisée, la jeune fille leur ferait connaître son nom et son adresse et qu'ils n'auraient qu'à la reconduire à sa famille, mais les choses se passèrent autrement. Non-seulement la fièvre ne cessa pas, sinon à de rares et courts intervalles pendant lesquels Antoinette demeurait absorbée, anéantie, mais les divagations ne firent qu'augmenter. Bref, Perle-Blanche était folle.

Pendant ce temps, qu'était devenu le chevalier ?

Le cocher était un homme de sac et de corde ayant déjà eu maille à partir avec messieurs du Châtelet. Du haut de son siége, son attention ayant été attirée par le bruit du coup de feu, il avait à peu près vu ce qui s'était passé.

Les cris de Perle-Blanche lui avaient fait comprendre que la jeune fille était en fuite, et au gémissement du chevalier il avait compris que celui-ci était blessé, mort peut-être...

Dans les deux hypothèses, l'affaire devenait mauvaise pour ceux qui y avaient trempé, et notre homme crut prudent de continuer sa route sans s'inquiéter de ce que devenait son maître et complice ; il prit des chemins de traverse, rentra à Paris, remisa sa voiture dans un lieu secret où elle fut recouverte, le jour même, d'une couche de couleur d'une autre nuance et, après avoir fait disparaître les vêtements qu'il portait le jour de l'enlèvement, avait repris tranquillement sa profession avouée de porteur de chaise.

Bien que dangereusement blessé, le chevalier était parvenu à se traîner jusque chez un compagnon de vices qui demeurait au Point-du-Jour et qui le reçut sur le récit d'un conte qu'il lui fit.

Bien entendu notre homme se tint coi et attendit patiemment la guérison qui, du reste, ne devait pas être trop longue, la balle n'ayant atteint aucun organe essentiel de la vie.

Et voilà pourquoi, bien que près de quinze jours se fussent écoulés depuis l'attentat, ni Lebel, ni le roi n'avaient entendu parler pas plus de Perle-Blanche que du chevalier de Bellac.

VI.

Mme Boucheman, ainsi que nous l'avons dit, avait perdu tout à fait la tête au milieu de l'effroyable désordre qui avait servi de moyen à l'enlèvement de sa fille de boutique.

Revenue de sa terreur, son premier mouvement avait été de porter plainte et en cela Barnabé l'avait chaudement appuyée ; mais ce zèle s'était un peu rallenti chez la marchande quand lui était venue aux oreilles la conviction où chacun était que le rapt audacieux avait été exécuté sur l'ordre du roi.

Contre un pareil adversaire, que faire en effet !

Par ces temps de priviléges et d'abus de toutes sortes, songer à avoir raison de la violence du souverain, c'était folie ; c'était s'exposer aux persécutions les plus vives, et bien des gens avaient payé, par un emprisonnement, de bien moindres hardiesses.

Quoique désolée, elle resta donc hésitante pendant la première semaine et ce ne fut que quand l'attentat devint l'objet de toutes les conversations de Paris qu'elle se décida à signer enfin son mémoire à la reine.

Nous devons dire que cette effervescence était un peu l'œuvre de Barnabé. Sa blessure avait été ce que sont la plupart des blessures à la tête quand le cerveau n'est pas attaqué, beaucoup de sang mais rien de très-dangereux, et au bout de vingt-quatre heures le bossu, le front couvert de compresses, s'était mis en campagne pour ameuter le public contre les auteurs du crime.

Notre brave Esope aurait bien voulu voir Bonbourru aussi ingambe que lui-même, car il était convaincu que l'intervention de l'intelligent et fidèle animal lui serait d'un très-grand secours pour retrouver Perle-Blanche. Malheureusement la pauvre bête, bien qu'elle y eût cherché plusieurs fois, ne pouvait marcher et il fallait forcément attendre que les cassures fussent remises.

Pour toute pièce de conviction destinée à mettre les chercheurs sur la voie, Barnabé avait ramassé un lambeau de vêtement arraché par Bonbourru à l'un des ravisseurs ; il l'avait joint à un fichu qu'Antoinette avait perdu dans la lutte et plusieurs fois par jour il faisait flairer au chien ces deux objets. Le pauvre animal poussait des hurlements plaintifs quand son ami lui donnait à sentir le fichu de sa maîtresse et des aboiements furieux quand on lui présentait le morceau de drap.

Il est bon de faire observer que le vêtement déchiré était une espèce de manteau appartenant au chevalier et que celui-ci avait donné à l'un de ses principaux agents, dont la tenue laissait beaucoup à désirer.

Que faisait Louis Laurent ?

L'amoureux frotteur n'était ni à Paris ni à Versailles.

L'avant-veille de l'attentat il avait été prévenu par un tabellion de la Généralité de Rennes qu'une parente éloignée venait de mourir lui laissant un petit avoir de quelques milliers de francs et qu'il eût à faire le voyage pour recueillir sa succession.

C'était une fortune pour le jeune ménage à venir ; aussi Laurent s'était-il mis en route.

Mais on ne voyageait pas alors comme aujourd'hui, et quand on n'était pas grand seigneur ou riche financier, il fallait se résigner à n'aller qu'à petites journées, souvent à pied. Si bien qu'il fallut près de deux semaines à l'héritier pour se rendre à Rennes, puis de là au bailliage du lieu où était morte sa parente.

Les formalités prirent plusieurs jours et il y avait un mois que la Perle était disparue, quand revenant à Rennes chez le tabellion, il y trouva une lettre de Barnabé qui lui annonçait la catastrophe.

Heureusement il était en fonds et il put en prodiguant l'argent, ni plus ni moins qu'un fermier général, être de retour à Paris en huit jours. Ce tour de force lui coûta huit cents livres. Cent livres par jour.

Nous ne parlerons pas de son désespoir, de sa rage.

Mis au courant de tout ce qui s'était passé par Barnabé, il jura de retrouver sa fiancée et de faire payer cher son malheur à ceux qui l'avaient provoqué et consommé.

Cependant l'enquête ordonnée par Mme de Pompadour suivait son cours. Le lieutenant général de police, mandé par le roi, avait reçu les ordres les plus formels pour découvrir les auteurs du crime et retrouver Antoinette.

Sa Majesté était d'autant plus courroucée que sa victime lui échappait et qu'on lui imputait un crime dont elle n'avait pas eu les bénéfices.

De Bellac fut d'abord l'objet des recherches de la police, mais toutes les démarches furent vaines.

Le chevalier échappait à toutes les investigations.

On parvint bien à mettre la main sur deux ou trois des individus qui avaient coopéré à cette mauvaise action, mais ils ne savaient rien. Tout ce qu'ils purent dire, c'est qu'ils avaient été embauchés pour faire du désordre le jour de la fermeture de la foire Saint-Germain. Ils furent cependant détenus jusqu'à nouvel ordre.

Sur ces entrefaites, Laurent revint à Paris.

Barnabé était depuis longtemps guéri.

Bonbourru marchait tant bien que mal.

A nous trois, dit Laurent, nous ferons ce que la police n'a pas su faire, et ils partirent.

Le chien marchait en éclaireur.

Nous n'avons pas à rappeler ici l'admirable intelligence des chiens. On sait de quel merveilleux instinct ils sont doués, comment après un long laps de temps, ils retrouvent les traces invisibles du chemin suivi par leur maître ou l'ennemi de celui-ci : ni combien de fois leur sagacité, si l'on peut s'exprimer ainsi, bien supérieure à celle de l'homme, a mis la justice sur la voie de la vérité. Tous ces faits étonnants sont acquis, et Bonbourru devait apporter une nouvelle preuve de l'incroyable habileté de la race canine.

Stimulée par Barnabé, qui lui faisait fréquemment flairer le fichu de Perle-Blanche et le lambeau d'étoffe que l'on sait, la brave bête se mit en quête et, après une journée de marche, de contre-marches, d'allées et de venues, s'arrêta en aboyant juste à l'endroit où Antoinette avait sauté et était tombée à terre dans sa lutte avec le chevalier.

Le vaillant animal gratta le sol avec ses pattes et son museau, s'attaquant particulièrement à une ornière profonde avec un acharnement qui était trop persistant pour n'avoir pas sa raison puissante.

Les deux hommes se baissèrent. Bonbourru tenait dans sa gueule une pierre poreuse portant des traces noirâtres.

— C'est du sang, dit Barnabé.

— Grand Dieu ! le sien peut-être, dit Laurent.

— Non ! s'il en était ainsi, le chien lécherait la pierre au lieu de la mordre... Tenez, son poil se hérisse...

— Que faut-il espérer, que faut-il craindre ?

— Ne nous faisons pas illusion, mon ami, il faut craindre. Mais voici notre limier sur la piste... cherche Bonbourru, cherche, mon vieux, continua Barnabé.

L'animal aboya, flaira, huma l'air tout en se traînant sur le ventre. Pendant une demi-heure il marcha ainsi le long des fossés et des arbres sans s'écarter de la ligne droite. Au bout de ce temps il se leva, bondit en avant et partit comme une flèche en aboyant. Il n'y avait aucun doute possible, il était sur la piste.

Après un quart d'heure, pendant la durée duquel l'infatigable bête revint cent fois sur ses pas, sautant après les deux amis, comme pour exciter leur ardeur, il s'arrêta en hurlant devant une maisonnette de confortable apparence dont il se mit à ronger la porte avec rage.

La chose était claire, on était au gîte.

Laurent heurta avec force.

Le chien aboyait toujours.

Au bout de quelques courte minutes on entendit des pas traînants sur le sable.

A peine l'huis fut-il entrebâillé que Bonbourru s'élança à l'intérieur, faisant trébucher une vielle femme qui venai d'ouvrir.

Les deux hommes poussèrent la porte et pénétrèrent dans la maison, c'est-à-dire dans la cour sans mot dire, à la grande stupéfaction de la vieille qui croyait avoir vu entrer le diable.

Barnabé et Laurent n'avaient pas fait dix pas en courant que des cris perçants retentirent à leurs oreilles.

— A l'aide ! au secours ! disait la voix à laquelle se mêlaient de sourds grognements.

Ce double bruit guida les deux hommes vers le fond d'un jardin où ils trouvèrent, se débattant en vain contre Bonbourru, le chevalier de Bellac pâle et blême.

— Sangdieu, dit-il d'une voix lamentable, rappelez votre chien !

Ici Bonbourru, fit Barnabé ; mais il fallut répéter l'ordre plusieurs fois, Bonbourru ne voulait pas lâcher ; enfin il obéit en grondant.

— Voilà l'homme que nous cherchons, dit le bossu à Laurent, le chevalier de Bellac, celui qui voulait séduire mademoiselle Antoinette, et qui l'a enlevée...

— Le frotteur s'empara d'un escabeau et le leva sur la tête du misérable épouvanté.

Barnabé l'arrêta.

— Si vous le tuez, nous ne saurons rien.

— C'est juste. Allons parle, où est-elle?...

Le chevalier de Bellac plus mort que vif ne savait que répondre.

— Ecoutez, dit le bossu, et pesez bien vos paroles. Le roi, la reine et madame de Pompadour ont donné les ordres les plus rigoureux contre vous. Le lieutenant général de la police vous fait rechercher. Une information criminelle s'instruit. Vous allez être conduit au Châtelet, interrogé, mis à la question. non-seulement pour avoir enlevé avec violence une jeune fille, mais pour avoir voulu rejeter votre crime sur S. M. le Roi, ce qui est crime de lèse-majesté. Votre condamnation est donc sûre... Eh bien, dites-nous où est mademoiselle Antoinette et nous vous aidons à fuir... Mais parlez vite.

Le malheureux ne pouvait rien dire, et il jura les grands dieux qu'il ne savait rien du sort de la jeune fille ; et comme les deux amis ne le croyaient pas et le lui disaient, il leur raconta en détail ce qui s'était passé.

Vaine franchise, qui d'ailleurs ne remédiait à rien. Le lendemain matin la maréchaussée prévenue par Barnabé, pendant que Laurent s'était constitué gardien du misérable, conduisait le ravisseur au Châtelet.

On avait trouvé le criminel, mais où était la victime?

Barnabé et Laurent, toujours guidés par Bonbourru, recommencèrent leurs recherches à la pointe du jour.

Mais cette fois ils perdirent leur temps et leurs peines.

L'instinct du chien les mit bien sur la trace du chemin parcouru par la jeune fille à partir de l'endroit où elle avait fui jusqu'à celui où elle était tombée en dernier lieu, mais là toute piste avait été perdue.

Bonbourru avait ramené ses maîtres à Paris, puis il était revenu sur Versailles, de là dans diverses directions... On avait battu la campagne, employé tous les moyens, y compris la police, tout avait été inutile, Perle-Blanche était introuvable.

La raison en était bien simple.

Les bohémiens qui l'avaient recueillie parlaient à peine le français et d'ailleurs n'avaient pas le temps ni les moyens de rechercher la famille de la pauvre folle dont ils ne pouvaient tirer aucun renseignement.

Obligés de courir le pays pour gagner leur vie, ils allaient de foire en foire, prenant soin de Perle-Blanche, la traitant mieux que leur propre enfant, avec l'espoir que tôt ou tard elle retrouverait une lueur de raison, ou que la Providence les mettrait sur la voie de ce mystère.

A cet effet, ils s'arrangeaient toujours pour la placer en évidence, soit sur le devant de la voiture, soit au milieu de leur petit étalage, et, comme elle était vêtue autrement qu'eux, comme sa physionomie, ses allures, étaient toutes particulières, ils espéraient qu'elle attirerait l'attention du public, et qu'on finirait par la connaître.

— Quant à l'abandonner, ils n'y pensèrent même pas, et cependant elle était une assez lourde charge pour ces pauvres gens, à qui elle ne rendait aucun service.

Sa folie était douce. Elle passait son temps à chanter une complainte sans suite, à pleurer silencieuse, à prononcer des paroles énigmatiques auxquelles se mêlaient les noms du roi, de Mme de Pompadour, de Louis, de Barnabé, et auxquels ses bienfaiteurs ne comprenaient rien.

Dans cette vie de pérégrinations continuelles, la piste avait échappé à Bonbourru.

Deux grands mois se passèrent ainsi en recherches infructueuses, deux mois de fatigues et d'angoisses.

Barnabé était malade.

Bonbourru, maigre, efflanqué, se ressentait toujours de ses fractures et ne pouvait plus que se traîner.

Laurent était harassé, exténué et surtout découragé.

Puis il fallait vivre.

Barnabé avait accepté de partager les ressources de Laurent, attendu que le pauvre bossu n'avait que de bien faibles économies bien vite épuisées.

Laurent avait absorbé en frais de toutes sortes la plus grande partie de son modeste héritage, et il devenait indispensable aux trois amis de prendre du repos.

Barnabé retourna auprès de Mme Boucheman avec Bonbourru.

Laurent, qui n'avait pu quitter son poste que sous la condition d'un prompt retour, avait dépassé de beaucoup son congé. Sa place avait été donnée à un autre ; il dut rester à Paris jusqu'à ce qu'un de ses camarades partît.

Il reprit donc, comme il put, son métier de frotteur, n'espérant plus qu'en Dieu, car à la cour le zèle qu'on avait déployé pour retrouver Perle-Blanche s'était peu à peu ralenti, puis refroidi tout à fait.

Les événements politiques, les luttes à l'étranger, les intrigues diplomatiques et par-dessus tout l'insouciance et l'égoïsme de Louis le Bien-Aimé avaient effacé de l'esprit du roi et de la marquise tout souvenir de cette aventure.

Le lieutenant de police avait suspendu ses recherches du moment qu'on ne le pressait plus, et les plus chauds défenseurs de la morale outragée, vaincus par Mme de Pompadour, disgraciés par le roi, ne songeaient plus qu'à se faire pardonner leur maladresse.

Quant au chevalier de Bellac, il était toujours en prison parfaitement oublié.

Laurent était un Français de la vieille roche, fanatique de son roi, ne jurant que par lui et dévoué au trône de droit divin jusqu'à la mort.

Aveugle dans sa vénération pour le roi, il n'avait jamais cru que Louis XV eût jeté les yeux sur sa fiancée, et quand le chevalier s'était exprimé dans ce sens, il avait repoussé cette accusation de toutes ses forces.

Le concours que les gens du roi lui avaient prêté dans

cette douloureuse circonstance le confirmait dans la conviction de l'innocence de son prince.

Cependant le temps s'écoulait. Le frotteur avait repris ses fonctions. Chaque dimanche Barnabé faisait le voyage de Versailles pour venir parler de Perle-Blanche à Laurent et l'informer s'il n'avait rien découvert.

Bonbourru était toujours de la fête et la pauvre bête semblait partager leur tristesse.

On était arrivé ainsi au 23 août, avant-veille de la Saint Louis, fête patronale de Versailles, fête de Sa Majesté.

VII.

Ils n'étaient pas contents les Français de 1758, et entre nous ce n'était pas sans raison.

Après la défaite de Rosbach était venue la retraite honteuse de Dusseldorf. En un mois nous avions perdu la Westphalie, le Hanovre, la Hesse, sans avoir donné ni essayé de donner un combat, quoiqu'on eût des forces supérieures à celles de l'ennemi, moins, il est vrai, par la faute de l'inhabile général, le comte de Clermont, que par celle de ses officiers aussi frivoles qu'indisciplinés.

Une autre retraite aussi entachée de lâcheté et effectuée à Crevelt avait livré tous les bords du Rhin aux ennemis.

Notre escadre avait été mise en déroute par la flotte anglaise à l'île d'Aix.

Une seconde flotte anglaise, n'ayant pas osé attaquer Saint-Malo, avait détruit Saint-Servan avec deux vaisseaux et quatre-vingts bâtiments de commerce qui se trouvaient dans ce port.

Une troisième flotte anglaise avait pris et pillé Cherbourg, détruit le port, les bassins et vingt-sept bâtiments.

Saint-Cast avait été dévasté par douze mille Anglais.

Le Sénégal avait été occupé par nos ennemis qui avaient, de plus, successivement pris les principaux forts du Canada malgré notre résistance héroïque et menaçaient tous nos autres établissements.

Tout nous accablait à la fois; aussi le mécontentement était-il général et de sourdes conspirations s'ourdissaient contre la favorite et le roi.

Ces conspirations prenaient naissance jusque sur les marches du trône, dans le palais même.

Ces complots avaient servi de prétextes à plusieurs intrigants pour échafauder leur fortune.

Mais depuis les prétendus guets-apens du garde Latude et de ses obscurs imitateurs, la police se montrait d'une grande sévérité pour les révélations de cette espèce.

Tous ceux qui se présentaient pour sauver le roi étaient éconduits par les exempts et incarcérés s'ils persistaient à vouloir approcher le lieutenant de police.

Il advint que, le jeudi 24 août vers le midi, on vit arriver, pâle, défait, dans un état d'émotion vraiment extraordinaire, un homme du peuple qui, sans dire son nom, sans faire connaître le motif qui le poussait, demanda à parler sur l'heure au lieutenant général.

On dînait alors à midi, et à moins d'un ordre du roi ou de Mme de Pompadour, les valets n'eussent pas osé déranger le magistrat préposé à la sûreté de l'Etat.

Ils renvoyèrent donc notre homme, ou du moins ils essayèrent de lui faire quitter la place, mais c'était un gaillard aussi robuste qu'entêté, il résista de toutes ses forces.

On voulut le mettre dehors, mais il écarta les assaillants et déclara qu'il ne sortirait pas sans avoir vu M. de Bellisle.

On lui rit au nez; il cria plus fort et voulut forcer la consigne, mais ce fut en vain et il allait être contraint de déguerpir quand, se cramponnant après le chambranle, il s'écria d'une voix énergique :

— Ne me chassez pas! Je veux voir M. de Bellisle! il y va de la vie du roi.

Cette déclaration arrêta les valets, et un exempt plus hardi que les autres et frappé de l'accent de vérité et de candeur de cet homme, prit sur lui d'aller prévenir le lieutenant de police.

M. de Bellisle voulut d'abord qu'on jetât l'importun à la porte, mais, sur les explications de l'exempt, il le reçut immédiatement dans son cabinet.

— Parlez, que voulez-vous? dit le lieutenant de police d'un ton sévère, et d'abord comment vous nommez-vous?

— Louis Laurent, répondit l'homme, et je viens vous révéler un affreux complot.

— Louis Laurent! mais je connais ce nom...

— Monseigneur, je suis le fiancé de Mlle Antoinette Beleau, enlevée le jour de la fermeture de la foire Saint-Germain...

Le lieutenant de police crut que la prétendue révélation du frotteur n'avait été qu'un prétexte pour s'introduire auprès de lui et réveiller son activité endormie, et il s'emporta durement.

— Non, Monseigneur, je ne viens pas vous réclamer ma fiancée, je viens, je vous le répète, sauver le roi, et si vous refusez de m'entendre vous vous rendrez complice involontaire d'un grand crime.

L'homme pouvait se tromper, mais il était de bonne foi, cela était évident. M. de Bellisle en fut convaincu.

— Allons parle, et songe à ce que tu vas dire.

On sait que Louis Laurent n'avait pu rentrer au château et qu'il fallait qu'il attendît qu'une vacance se produisît dans les rangs des serviteurs. En attendant cette occasion qui ne pouvait tarder, du reste, notre frotteur avait cherché du travail à Paris. Son aventure ou plutôt sa mésaventure l'avait mis en évidence et il avait parfaitement trouvé de l'occupation. Entre plusieurs maisons dont il devait entretenir les appartements se trouvait une de ces retraites discrètes construites pour les plaisirs des grands seigneurs et où le plaisir rencontrait un asile aussi charmant que sûr.

Or, le 24 août au matin, en travaillant dans cette petite

maison, il avait entendu à travers une cloison en planches mal jointes le nom du roi prononcé à plusieurs reprises par deux personnages dont il lui semblait connaître la voix.

Il prêta curieusement l'oreille et cette indiscrétion, qu'il aurait probablement payée de sa vie si elle avait été connue, lui avait fait connaître un épouvantable complot.

Parmi les bouquets qui, le soir même, devaient être présentés au roi à l'occasion de sa fête, un allait être imprégné d'un poison aussi violent que subtil, tellement que si le roi l'effleurait de son odorat, il devait tomber foudroyé.

Voilà ce que raconta le frotteur.

« Maître de cet horrible secret, ajoute M. Horace Raisson, à qui nous empruntons ce détail, le frotteur avait laissé sa besogne inachevée et, sans se donner le temps de quitter ses habits de travail, il était accouru à l'hôtel du lieutenant de police pour dévoiler la trame de cet effroyable forfait. »

Pour un autre, ce secret était la fortune. Mais Louis Laurent n'avait nullement songé aux avantages que pourrait lui procurer sa découverte. Il n'avait songé qu'au danger que courait le roi. Il ne s'était même pas dit qu'il pourrait demander pour récompense qu'on s'occupât de rechercher Antoinette.

— Et vous reconnaîtrez parfaitement à la voix ces deux seigneurs, car ce sont bien des gentilshommes.

— Des seigneurs de la cour, certainement, et approchant de près Sa Majesté ; leur conversation ne me laisse aucun doute à ce sujet. Quant à les reconnaître à la voix, j'en suis aussi certain.

L'air de conviction et de vérité du frotteur, son émotion profonde, firent passer la confiance dans l'âme de Bertin de Bellisle ; cependant il voulut encore interroger Laurent.

— Vous êtes bien sûr, lui dit-il, bien sûr d'avoir entendu ce que vous venez de m'apprendre ?

— J'en suis sûr.

Réfléchissez-y. Voyez bien. Si vous n'étiez poussé que par

la cupidité ou le désir de voir encore la police s'occuper de votre fiancée, à inventer une aussi monstrueuse fable, vous pourriez payer cher une telle imprudence.

— J'ai entendu.

— Rappelez-vous Latude !

— Latude était un fourbe, un ambitieux, il fut cruellement puni, mais il fut puni justement. Vous me mettriez à la question, que je ne dirais pas autrement. J'ai entendu ce que je rapporte. Retenez-moi jusqu'à ce que vous en soyez certain... J'offre ma vie de bon cœur en garantie de la vérité de mes paroles.

— Allons ! c'est assez, je vous crois ! Vous allez partir avec moi pour Versailles.

Une heure après, la voiture du lieutenant de police, menée un train d'enfer, arrivait à la résidence royale.

Pour ne donner aucun soupçon à ceux dont il voulait déjouer les odieux projets, M. de Bellisle s'introduisit avec Laurent dans les petits appartements par l'escalier de l'OEil-de-Bœuf.

Le roi écouta en frémissant de colère, d'indignation, de tristesse et d'effroi, les confidences de son lieutenant de police. La conversation dura une grande heure ; il s'agissait d'échapper au danger, tout en constatant l'existence, et des mesures furent arrêtées, séance tenante, par Louis XV. Personne, pas même la marquise, ne fut initié à ce terrible secret.

A huit heures du soir, le roi, accompagné de Mme de Pompadour, se rendit dans la salle des Traités, pour recevoir les hommages de la cour et des ambassadeurs étrangers.

M. de Bellisle se retira dans une salle voisine où se trouvait déjà Louis Laurent, placé sous la surveillance de deux gardes de la prévôté.

Le roi se plaça au fond de la salle sur un siége d'apparat surélevé ; à ses côtés se tenait la favorite, et, sur un tabouret posé entre la marquise et Louis XV, un fort joli chien, charmant épagneul, favori du roi.

Devant, et à sa portée, Sa Majesté avait fait avancer la fameuse table de mosaïque, donnée à Louis XIV par la sérénissime république de Venise.

C'était sur cette table que le roi devait déposer les bouquets qu'on allait lui offrir.

C'était à la famille royale qu'appartenait l'honneur de présenter les premières fleurs ; mais, par courtoisie, elle céda le pas aux ambassadeurs étrangers.

Le roi était fort calme ; il se montrait même souriant et heureux. De temps en temps il échangeait avec la marquise un regard sympathique, tout en flattant de la main son épagneul.

La cérémonie commença.

Suivant son habitude, Louis XV reçut un à un les bouquets, mais, au lieu d'en respirer le parfum, et sous prétexte de jouer avec le petit chien, il approchait les fleurs du nez de l'animal et l'y tenait pendant quelques secondes. L'épreuve terminée, il les déposait sur la table.

Quand les dix ou douze ambassadeurs eurent accompli leur devoir, les princes du sang et leurs enfants s'avancèrent.

Alors le cœur du roi battit plus vite. Une sueur froide perla le long de ses tempes ; mais personne ne s'aperçut de cette fâcheuse émotion.

La famille royale présente se composait du dauphin, de la dauphine Marie-Josèphe de Saxe, de Louis-Philippe d'Orléans, de Louise-Henriette de Bourbon-Condé, duchesse d'Orléans, et de leurs enfants, et du comte de la Marche.

Quant au comte de Clermont, Louis de Bourbon-Condé, dit général des Bénédictins, et à Marie-Gabrielle de Bourbon, le premier était retenu à l'armée, et la seconde comme professe de Fontevrault, abbesse de Vernandois, était restée à son abbaye.

Au premier bouquet offert par la famille royale, et que le roi passa sous le museau de l'épagneul, le pauvre petit animal tomba mort.

Mme de Pompadour pâlit sous son rouge, elle allait jeter un cri de terreur. Le roi l'arrêta du regard et du geste.

— Ce n'est rien, lui dit-il tout bas! Contraignez-vous! Couvrez de votre robe le corps de ce pauvre animal; il vient de mourir pour justifier une fois de plus ce dicton :

Fils de roi! frère de roi... jamais roi!

La cérémonie s'acheva sans que personne se doutât du danger qu'avait couru le roi de France. Grâce à la table de marbre et à la robe de la marquise, on ne connut même pas la mort de l'épagneul, que Mme de Pompadour emporta sous son bras comme s'il eût été encore vivant.

De retour dans ses appartements, Louis XV fit appeler le lieutenant de police.

— Vous étiez bien instruit, monsieur de Bellisle... La preuve est là, ajouta-t-il en montrant le cadavre du petit chien couché dans un fauteuil... L'an passé le poignard de Damiens... cette année un bouquet... et, soyez-en sûr, tous ces coups partent de la même main.

Mme de Pompadour et M. de Bellisle firent un mouvement.

— Dites un mot, sire, répondirent la marquise et M. de Bellisle...

— Non! Je ne puis ni ne dois punir. — Je vous défends de chercher à découvrir ce mystère...

— Cependant, sire, reprit la marquise... la sûreté de Votre Majesté.

— Il suffit, marquise... J'ai dit... Vous m'entendez, monsieur de Bellisle, et surtout gardez-nous le secret...

— Votre Majesté sera obéie...

— Quant à l'homme qui m'a sauvé la vie, je veux le voir... Présentez-le moi.

M. de Bellisle n'était pas un magistrat habile, et, certes, un autre eût rempli beaucoup mieux les fonctions de lieutenant de police, mais il avait un fond d'honnêteté dont il fit preuve une fois de plus dans cette circonstance.

Il pouvait s'attribuer tout le mérite de cette affaire, et laisser croire que ce complot n'avait été découvert et déjoué que par ses soins. Il n'en fit rien, et son premier devoir avait été de dire toute la vérité.

— Sire, répondit M. de Bellisle, j'ai amené avec moi ce brave homme. Il est là, encore couvert de ses habits de travail, et bien plus troublé que Votre Majesté.

— L'habit de travail de l'ouvrier est l'uniforme de gloire du peuple... Amenez-moi votre frotteur, monsieur Bertin, et soyez tranquille, aucun courtisan n'aura été mieux reçu !

Quelques instants après, le lieutenant de police entrait, tenant Louis Laurent par la main. Notre frotteur était tout tremblant et n'osait lever les yeux.

— Embrasse ton roi, mon brave homme, dit le roi en marchant vers lui les bras ouverts... et que ce soit là ta première récompense ?...

— Ah ! sire, je n'oserai jamais. Je ne suis pas digne de tant de bonté ni de tant d'honneur, et il cherchait à se jeter aux pieds du monarque.

— Non, non, pas à mes genoux, sur mon cœur. Et, prenant le frotteur à bras-le-corps, le roi embrassa le frotteur sur le front, dans un élan de véritable gratitude.

— Et vous aussi, marquise, donnez l'accolade à ce brave garçon, ajouta Louis XV, en essuyant une larme véritable, une des rares qu'il ait jamais versées.

Mme de Pompadour ne se le fit pas dire deux fois; elle donna sa main à baiser à Laurent, et l'embrassa sur les deux joues avec effusion. Notre frotteur pleurait d'attendrissement et balbutiait des mots entrecoupés.

— Et maintenant, dit le roi, remis de cette grosse émotion, dis-moi ton nom et demande-moi ce que tu veux. Je te donne ma parole royale de te l'accorder.

— Sire, je me nomme Louis Laurent, et je ne demande rien...

— Louis Laurent! dit la marquise... avec étonnement... Est-ce que vous seriez le fiancé de cette malheureuse enfant enlevée à la foire Saint-Germain.

— Oui, madame la Marquise, répondit le frotteur, dont les larmes redoublèrent à ce souvenir.

Louis XV avait tressailli...

— Et, continua la marquise, cette jeune fille est retrouvée... monsieur de Bellisle?...

— Hélas! Madame, toutes les recherches ont été vaines!...

— Vous l'aimiez bien, mon ami?...

— Après le roi, c'était mon dieu!

— Et, dit le roi... savez-vous ce qu'on disait sur cet enlèvement, savez-vous qui on accusait?

— Je savais tout cela, Sire, mais je ne le croyais pas... Je ne l'ai jamais cru!... je ne le croirai jamais!

La marquise et le roi échangèrent un regard rapide... Le rouge de la honte monta au visage de Louis XV.

— Quel cœur! murmura le souverain. Puis il reprit à voix haute... Monsieur de Bellisle, fouillez le royaume, et qu'on recherche cette enfant; je ne serai tranquille que lorsque vous l'aurez retrouvée?... Voyons, toi, mon brave, que veux-tu? demande sans crainte...

— Eh bien! Sire, une petite maisonnette ici, près de vous, dans le parc...

— Et c'est tout?

— Oui, c'est tout, Sire. Si Dieu permet que je retrouve ma chère Perle-Blanche, et si Votre Majesté me permet de la voir quelquefois, je serai heureux pour toujours...

— Va pour la maisonnette, mon brave. Dans quinze jours elle sera bâtie près de Trianon, et chaque matin ta femme, car nous retrouverons Perle-Blanche, ta femme et toi vous m'apporterez un bouquet... cela me rappellera ton dévouement!... Monsieur de Bellisle, je garde cet homme. On le logera à la Prévôté. Je lui accorde cent louis par mois sur ma cassette...

— Et moi, dit Mme de Pompadour, je doterai la pauvre Antoinette, si nous la retrouvons... Monsieur de Bellisle, nous vous remercions. Songez aux ordres du roi. Surtout le secret!

VIII.

Le lendemain matin, le soleil se leva radieux.

C'était jour de fête dans toute la France, et particulièrement à Versailles. La ville était en liesse.

Suivant l'usage, il y avait foire franche dans la résidence
royale, et, de tous les points environnants, les paysans
accouraient pour admirer les merveilles qui se montraient
sur l'avenue de Sceaux et dans la rue Royale.

Là étaient alignées les boutiques foraines de toutes sortes,
et les montreurs de curiosités, géants, nains, ménageries,
phénomènes, batteleurs, jongleurs, diseurs de bonne aventure, etc.

Quelques jours avant, Barnabé et Laurent, qui étaient
devenus amis intimes et dévoués l'un à l'autre, avaient arrêté
qu'ils s'associeraient. Mme Boucheman, dégoûtée du commerce depuis le fatal événement, et d'ailleurs suffisamment
riche, avait vendu son fonds. Et le pauvre bossu, se trou-
vant sur le pavé, avait accepté l'association que lui avait
proposé Laurent.

— Je vais rentrer au château, lui avait-il dit. Notre pain
est donc assuré. Toi, tu te feras commissionnaire jusqu'au
jour où nous parviendrons à te procurer quelque petit
emploi à Versailles... Nous vivrons ensemble avec Bou-
bourru, et nous parlerons d'elle.

Il avait été arrêté qu'on irait à Versailles le jour de la

Saint-Louis, pour y chercher un modeste logement. On devait partir le matin à la première heure et ensemble, et, dans tous les cas, se retrouver à l'hôtel du *Porc-Épic*, situé rue des Coches, rendez-vous naturel, puisqu'on était convenu de prendre le coche pour se rendre à Versailles.

A six heures du matin, Barnabé, ne voyant pas arriver son ami le frotteur, monta seul dans la lourde et lente voiture.

Nous n'avons pas besoin de dire que Bonbourru accompagnait le bossu.

Le coche mettait cinq heures pour faire le trajet de Paris à Versailles, si bien qu'il était plus de onze heures quand on arriva.

Sans perdre de temps, Barnabé descendit à l'auberge du *Porc-Épic*. Laurent l'y attendait sur le seuil. Du plus loin que le frotteur aperçut son ami, il courut à lui les bras ouverts.

— Dépêche-toi donc, lui dit-il en l'embrassant avec joie.

— Est-ce que tu l'as retrouvée, dit Barnabé, qui ne pouvait supposer d'autre sujet de satisfaction chez son ami que dans la fin heureuse de leurs recherches communes.

—Hélas non! répondit le frotteur en soupirant, mais je suis riche, le roi me fait une pension de 24,000 livres par an, me donne une maison dans son parc et Mme de Pompadour a ordonné à M. de Bellisle de faire fouiller le royaume jusqu'à ce que ma chère Antoinette me soit rendue.

Barnabé crut que Laurent était devenu fou et une grosse larme tomba de ses yeux.

—Tu me crois en démence, mon cher Barnabé, détrompetoi, j'ai toute ma raison, et voici pour preuve le premier quartier de ma pension, que j'ai reçu ce matin,

Ce disant, Laurent montra au bossu une poignée d'or.

Il fallait bien se rendre à l'évidence. Barnabé demanda des explications, mais un serment liait la bouche du frotteur.

— Mon ami, dit-il, je ne puis te dire qu'une chose, c'est que j'ai été assez heureux pour rendre à Sa Majesté un grand service et qu'elle m'en a récompensé en m'embrassant d'abord et en m'accordant les faveurs que je viens de t'annoncer.

Barnabé ne revenait pas de sa surprise ; il félicita son ami de son bonheur, non pour les richesses qui lui étaient tombées du ciel, mais parce que, grâce à ces richesses, ils allaient pouvoir recommencer leurs démarches.

Après le déjeuner on sortit, et tout naturellement on se dirigea du côté de la foire, c'est-à-dire vers l'avenue de Sceaux.

Mais à peine après avoir quitté la rue des Coches, eut-on fait la moitié de la rue Vermandois, aujourd'hui rue Saint-Pierre, que Barnabé fut frappé de l'attitude de Bonbourru. Le brave chien s'était arrêté tout d'un coup, les oreilles dressées, le nez au vent, humant l'air, flairant le sol.

— Qu'est ceci ? dit le bossu, on dirait que notre vieil ami est en chasse.

Tant de fois l'animal avait donné de fausses joies aux deux amis, que tout d'abord ils ne se bercèrent d'aucun espoir.

Quelle apparence, en effet, que la jeune fille cherchée avec tant de soins, même à Versailles, fût dans cette ville ?

Cependant il ne fallait rien négliger.

Laurent présenta à l'animal le fichu d'Antoinette, relique précieuse qui ne l'avait jamais quitté, et dit :

— Cherche, Bonbourru, cherche Antoinette !

Bonbourru lécha le linge et partit en courant et en donnant de la voix.

Les deux amis essayèrent de le suivre, mais cette tâche était impossible. Cependant Laurent s'élança sur ses traces, s'efforçant de ne pas le perdre de vue et l'appelant sans cesse pour le forcer de revenir sur ses pas ; mais après avoir obéi deux ou trois fois à cet appel bien connu, Bonbourru n'y fit plus attention et se précipita à travers la foule en aboyant toujours.

Plus il s'éloignait de ses maîtres et plus il pressait sa course, filant entre les jambes des promeneurs, bondissant par-dessus les obstacles qui s'opposaient à son passage. Au bout de cinq minutes, il tombait haletant devant Antoinette elle-même qui, assise sur un escabeau de bois à côté de la bohémienne, regardait d'un œil terne le spectacle animé qui se déroulait devant elle.

Les forains voulurent chasser la pauvre bête, mais elle s'était élancée sur les genoux de Perle-Blanche et la dévorait de caresses auxquelles la jeune fille ne répondait que machinalement.

Cependant le nom de Bonbourru lui revenait à l'esprit ; elle regardait le chien avec une attention singulière comme un enfant qui cherche à se souvenir.

Les braves gens assistaient à ce tableau avec un vif intérêt ; il était évident que le chien connaissait la folle.

Tou à coup des coups de sifflets prolongés retentirent. Bonbourru dressa la tête, sauta à terre et s'élança dans la direction d'où venaient ces appels réitérés, lancés par Barnabé et Laurent.

L'intelligent animal eut bien vite retrouvé ses maîtres, et il y avait tant de joie dans ses aboiements, dans ses cris, dans ses yeux même, qu'ils ne doutaient plus. .

Quelques minutes après, les deux amis pressaient Antoinette dans leurs bras.

En les voyant, en les entendant, la malade avait éprouvé une commotion violente : un cri suprême s'était échappé de sa poitrine et l'amour avait opéré un miracle.

Le jour même M. de Bellisle, prévenu, informait la marquise et le roi de l'heureuse issue de cette aventure.

Quinze jours plus tard, Laurent, propriétaire de la maisonnette promise, présentait Antoinette à Louis XV. Le roi de France se montra parfait gentilhomme. Il salua très-respectueusement celle qui avait préféré risquer sa vie plutôt que de se déshonorer.

Selon sa promesse, la marquise dota Perle-Blanche; elle ajouta à son cadeau une grosse somme pour les bohémiens, déjà récompensés par Laurent et Mme Boucheman.

Le mariage du frotteur fut célébré dans la chapelle du château, en présence du roi, au grand ébahissement de la cour, qui ne sut jamais le mot de cette insigne faveur.

Barnabé resta avec ses amis, heureux de leur bonheur, son amour pour Antoinette était devenu une affection paternelle aussi profonde qu'inaltérable.

Quant à Bonbourru, trois ans plus tard, on le voyait se roulant sur la pelouse du parc avec une mignonne enfant qui prenait un malin plaisir à tirer les longues oreilles de l'excellente bête pendant que Perle-Blanche et Laurent, appuyés l'un sur l'autre, contemplaient en souriant ce charmant tableau.

La maisonnette du frotteur de Louis XV ne disparut qu'en 1770. Après la mort du roi, l'heureux ménage se fixa à Paris; ils furent peut-être les seuls qui pleurèrent le monarque égoïste et débauché comme ils avaient été les seuls qui avaient pleuré la marquise de Pompadour.

Quant au chevalier de Bellac, après plusieurs années de Bastille, il mourut misérable dans quelque colonie où, par ordre du roi, il avait été déporté.

FIN.

TABLE

FIN DE LA TABLE.

Le Mans. — Typ. Ed. Monnoyer. — Oct. 1867.